| 저자소개 |

김재수 목사
남아공 주재 선교사.
희망봉 신학교와 하베스트 대학교 등에서
현재 헬라어를 강의하고 있다.

김준성 목사
서울 홍릉에 위치한 과학원 교회 담임.
사랑의 줄잇기 대표 역임.
성경 원어 연구가.

변성규 목사
김해에 위치한 은혜와 평강교회 담임.
고신대에서 26년간 헬라어 교수로 봉사하였다.

예수님께서 주신
기 도 문

마 6:9-13에 대한 문법적 설명

김재수 · 김준성 · 변성규

새누리출판사

ἐγώ εἰμι

시리즈를 준비하면서

구약은 히브리어로 신약은 헬라어로 기록되었습니다. 그래서 성경에 대한 전문가들과 연구자들은 이 두 언어들로 쓰여진 성경을 읽어야 합니다. 그러나 지금까지 이것은 무시되어져 왔습니다.

그래서 이 원어 성경에 대해서 흥미를 가지는 독자들을 위해서 원어 성경에 대한 문법적 주석 시리즈를 준비하기로 결정하였습니다.

왜 원어 성경을 읽어야 합니까? 원어 성경을 읽어야 하는 가장 큰 이유는 무엇인가요? 원어 성경과 번역된 성경과의 차이점은 무엇입니까?

이에 대한 대답으로, 번역 성경은 원어 성경이 가지고 있는 특성들을 완전히 표현하지 못합니다. 이런 표현되지 않는 특성들을 오직 원어 성경만을 통해서 독자들이 알 수 있습니다. 이 책은 독자들이 원어 성경을 읽도록 길을 열어 줄 것입니다.

내 아들아 내 말에 주의하며 내가 말하는 것에 네 귀를 기울이라. 그것을 네 눈에서 떠나게 하지 말며 네 마음 속에 지키라. 그것은 얻는 자에게 생명이 되며 그의 온 육체의 건강이 됨이니라 (잠언 4:20-22)

이 책을 준비해 주신 저자들에게 감사드립니다.

솔리데오 글로리아

박영환 출판사 대표

서 문

헬라어 성경은 하나님의 영감으로 기록된 성경입니다. 그런데 이 원본은 현재 어디에 있는지를 우리는 알지 못합니다. 그래서 현대의 성경 학자들이 당시의 사본들을 모아서 편집한 헬라어 성경이 오늘날 우리가 가지고 있는 헬라어 성경입니다. 이 헬라어 성경이 영감 된 성경의 원본과 가장 가까운 성경입니다.

오늘날 과학 문명은 우리로 하여금 헬라어 성경을 읽도록 하는데 부족함이 없을 정도로 많은 정보를 제공하고 있습니다. 이를 이용하여 우리는 헬라어 성경을 읽도록 노력해야 합니다. 그래서 이를 위하여 저희들은 성경에서 가장 많이 알려져 있는 주기도문으로 구성된 소책자를 준비하였습니다.

문장 분해에서 나타나는 간략한 문법 설명은 헬라어 성경 만이 가지고 있는 특성을 보여 줄 것입니다.

이 책을 통하여 독자들은 많은 도움을 얻으시기를 바랍니다.

2025 년 1 월

저자들

간략한 설명

헬라어는 영어와는 달리, 문장에 사용된 단어와 사전에 나타나는 단어가 다른 경우가 많이 있습니다. 전자는 굴절어이며, 후자는 어근으로서 사전에 나타나는 단어입니다. 이 어근은 반드시 암송되어야 합니다.

헬라어에 대한 한글 음역은 정확하게 표기되어지지 않지만 초보자들에게 도움이 되도록 기록해 두었습니다.

헬라어 실명사 (명사와 명사상당어구) 는 세 종류의 성을 가지는데, 이들은 남성, 여성, 중성입니다. 참고로 하나님은 남성으로 표시되었습니다.

목 차

시리즈를 준비하면서 4
서문 5
간략한 설명 6

목차 7

1. 주기도문 요약 (마 6:9-13) 9
2. 헬라어 주기도문 (마 6:9-13) 10
3. 음절 분해 11

4. 주기도문 명제 분해 (마 6:9-13) 15

5. 본문 분해 18
5.1. 마 6:9 18
5.2. 마 6:10 28
5.3. 마 6:11 37
5.4. 마 6:12 40
5.5. 마 6:13 46

6. 요약 52

7. 부록 54

7.1. 단어들 54

7.2. 간략한 문법 56
7.2.1. 어순과 강조 56
7.2.2. 주어와 동사 56
7.2.3. 헬라어 실명사의 성 수 격 57

7.2.4. 정관사와 격 변화 58
7.2.5. 헬라어 동사 59
7.2.6. 3인칭 수동태 명령법 61
7.2.7. 중간태 동사 66

1. 주기도문 요약

주기도문을 아웃라인으로 서술하면 다음과 같다

(1) 기도의 태도: 믿음과 순종
(2) 기도의 대상: 아버지
(3) 기도의 내용

  (3.1) 기도자의 결단을 기도로 표현
    첫째 간구/ 첫째 결단: 내가 하나님의 이름을 거룩하게
                                  하겠다
    둘째 간구/ 둘째 결단: 내가 하나님의 나라가 오게
      하겠다
    셋째 간구/ 셋째 결단: 내가 하나님의 뜻을 이루겠다

  (3.2) 위 세 결단을 실천하는데 필요한 것들
    넷째 간구 / 첫째 필요: 일용할 양식 - 물질
    다섯째 간구/ 둘째 필요: 죄 용서
    여섯째 간구/ 셋째 필요: (보호) 유혹
    일곱째 간구/ 넷째 필요: (보호) 악

2. 헬라어 주기도문 (마 6:9-13)

6:9 Οὕτως οὖν προσεύχεσθε ὑμεῖς·
Πάτερ ἡμῶν ὁ ἐν τοῖς οὐρανοῖς·
ἁγιασθήτω τὸ ὄνομά σου·

6:10 ἐλθέτω ἡ βασιλεία σου·
γενηθήτω τὸ θέλημά σου,
ὡς ἐν οὐρανῷ καὶ ἐπὶ γῆς·

6:11 τὸν ἄρτον ἡμῶν τὸν ἐπιούσιον
δὸς ἡμῖν σήμερον·

6:12 καὶ ἄφες ἡμῖν
τὰ ὀφειλήματα ἡμῶν,
ὡς καὶ ἡμεῖς ἀφήκαμεν
τοῖς ὀφειλέταις ἡμῶν·

6:13 καὶ μὴ εἰσενέγκῃς ἡμᾶς
εἰς πειρασμόν,
ἀλλὰ ῥῦσαι ἡμᾶς
ἀπὸ τοῦ πονηροῦ.

3. 음절 분해

마 6:9

Οὕτως	οὖν	προσεύχεσθε	ὑμεῖς
Οὕ-τως	οὖν	προ-σεύ-χε-σθε	ὑ-μεῖς·
후-토스	운	프로-슈-케-스데	히-메이스
이런 식으로	그러므로	기도해라	너희는

Πάτερ	ἡμῶν
Πά-τερ	ἡ-μῶν
파-테르	헤-몬
아버지	우리의

ὁ	ἐν	τοῖς	οὐρανοῖς·
ὁ	ἐν	τοῖς	οὐ-ρα-νοῖς·
호	엔	토이스	우-라-노이스
그	안에	그	하늘

ἁγιασθήτω	τὸ	ὄνομά	σου·
ἁ-γι-α-σθή-τω	τὸ	ὄ-νο-μά	σου·
하-기-아-스데-토	토	오-노-마	수
거룩해지셔야만 합니다	그	이름	당신

마 6:10

ἐλθέτω	ἡ	βασιλεία	σου·
ἐλ-θέ-τω	ἡ	βα-σι-λεί-α	σου·
엘-데-토	헤	바-실-레이-아	수
오셔야만 합니다	그	나라	당신의

γενηθήτω		τὸ	θέλημά	σου,
γε-νη-θή-τω		τὸ	θέ-λη-μά	σου,
게-네-데-토		토	데-레=마	수
이루어지셔야만 합니다		그	뜻	당신의

ὡς	ἐν	οὐρανῷ	καὶ	ἐπὶ	γῆς·
ὡς	ἐν	οὐ-ρα-νῷ	καὶ	ἐ-πὶ	γῆς·
호스	엔	우-라-노	카이	에-피	게스
처럼	안에	하늘	그리고	위에	땅

마 6:11

τὸν	ἄρτον	ἡμῶν	τὸν	ἐπιούσιον
τὸν	ἄρ-τον	ἡ-μῶν	τὸν	ἐ-πι-ού-σι-ον
톤	알-톤	헤-몬	톤	에-피-우-시-온
그	떡	우리의	그	일용

δὸς	ἡμῖν	σήμερον·
δὸς	ἡ-μῖν	σή-με-ρον·
도스	헤-민	세-메-론
주세요	우리에게	오늘

마 6:12

καὶ	ἄφες	ἡμῖν
καὶ	ἄ-φες	ἡ-μῖν
카이	아-페스	헤-민
그리고	용서해 주세요	우리에게

τὰ	ὀφειλήματα	ἡμῶν,
τὰ	ὀ-φει-λή-μα-τα	ἡ-μῶν,
타	오-페이-레-마-타	헤-몬
그	죄들을	우리의

ὡς	καὶ	ἡμεῖς	ἀφήκαμεν
ὡς	καὶ	ἡ-μεῖς	ἀ-φή-κα-μεν
호스	카이	헤-메이스	아-페-카-멘
처럼	역시	우리	용서해 주다

τοῖς	ὀφειλέταις	ἡμῶν·
τοῖς	ὀ-φει-λέ-ταις	ἡ-μῶν·
토이스	호오-페이-레-타이스	헤몬
그	죄인들	우리에게

마 6:13

καὶ	μὴ	εἰσενέγκῃς	ἡμᾶς
καὶ	μὴ	εἰ-σε-νέγ-κῃς	ἡ-μᾶς
카이	메	에이-세-넹-케스	헤-마스
그리고	아닌	데리고 가다	우리를

εἰς	πειρασμόν,
εἰς	πει-ρα-σμόν,
에이스	페이-라-스몬
안으로	시험

ἀλλὰ	ῥῦσαι	ἡμᾶς
ἀλ-λὰ	ῥῦ-σαι	ἡ-μᾶς
알-라	루ㅎ우-사이	헤-마스
그러나	구해주세요	우리를

ἀπὸ	τοῦ	πονηροῦ.
ἀ-πὸ	τοῦ	πο-νη-ροῦ.
아-포	투	포-네-루
부터	그	악

4. 주기도문 명제 분해 (마 6:9-13)

6:9

| 방식 | Οὕτως οὖν |
| | 후토스 운 |

명령   προσεύχεσθε ὑμεῖς·
       프로슈케스데   히메이스

호칭   Πάτερ   ἡμῶν
       파테르   헤몬

특성   ὁ ἐν τοῖς οὐρανοῖς·
       호 엔 토이스 우라노이스

간구1 ἁγιασθήτω   τὸ ὄνομά σου·
결단1 하기아스데토   토 오노마 수

6:10

간구2 ἐλθέτω ἡ   βασιλεία σου
결단2 엘데토 헤   바실레이아 수·

간구3 γενηθήτω τὸ   θέλημά   σου,
결단3 게네데토 토   델레마   수

15

비교	ὡς
	호스

영역1	ἐν οὐρανῷ
	엔 우라노

영역2	καὶ ἐπὶ γῆς·
	카이 에피 게스

6:11

내용	τὸν ἄρτον ἡμῶν τὸν ἐπιούσιον
	톤 알톤 헤몬 톤 에피우시온

간구4	δὸς ἡμῖν σήμερον·
	도스 헤민 세메론

6:12

간구5	καὶ ἄφες ἡμῖν
	카이 아페스 헤민

내용	τὰ ὀφειλήματα ἡμῶν,
	타 오페일레마타 헤몬

매너	ὡς καὶ ἡμεῖς		ἀφήκαμεν
	호스 카이 헤메이스		아페카멘
내용	τοῖς ὀφειλέταις	ἡμῶν·	
	토이스 오페일레타이	헤몬	

6:13

간구6	καὶ μὴ εἰσενέγκῃς ἡμᾶς	
	카이 메 에이세넹케스 헤마스	
목표	εἰς πειρασμόν,	
	에이스 페이라스몬	
간구7	ἀλλὰ ῥῦσαι ἡμᾶς	
	알라 루ㅎ우사이 헤마스	
분리	ἀπὸ τοῦ πονηροῦ.	
	아포 투 포네루	

5. 본문 분해

5.1 마 6:9

1) 마 6:9 상

Οὕτως οὖν /προσεύχεσθε ὑμεῖς·
그러므로 이런 식으로 / 너희는 기도해라

그러므로 너희는 이렇게 기도해라

방식	**Οὕτως**	**οὖν**
	후토스	운

명령	**προσεύχεσθε ὑμεῖς·**
	프로슈케스데 히메이스

문장단어	어근	어근 의미
Οὕτως	οὕτως	이런 식으로
οὖν	οὖν	그러므로
προσεύχεσθε	προσεύχομαι	나는 기도하다
ὑμεῖς·	σύ	너

문장단어	발음	의미
Οὕτως	후토스	이런 식으로
οὖν	운	그러므로
προσεύχεσθε	프로슈케스데	너희는 기도해라
ὑμεῖς·	히메이스	너희는

어근	발음	의미
οὕτως	후토스	이런 식으로
οὖν	운	그러므로
προσεύχομαι	프로슈코마이	나는 기도하다
σύ	수	너

Οὕτως οὖν
그러므로 이런 식으로
명제: 매너 혹은 방식. 기도하는 방식이다.

Οὕτως. 이런 식으로. 문장에서 이는 기도하는 매너 혹은 방식의 역할을 한다. 이는 후방조응 부사로서 이는 다음에 나타나는 것을 지시한다. οὕτως 는 예수님께서 가르쳐 주실 주기도문을 지칭한다. "이런 말들로" 아니라 "이런 식으로" 는 다음에 나오는 주기도문이 하나의 모델임을 시사한다.

이 단어는 강조를 위하여 문두에 나타난다. 따라서 주기도문으로 혹은 이와 같이 기도하는 것은 아주 중요하다.

οὖν. 그러므로 문장에서 추론의 역할. 제자들은 외식하는 자들의 기도 (6:5–6) 와 이방인들의 기도 (6:7–8) 를 피하라는 의미이다.

προσεύχεσθε ὑμεῖς·
너희는 기도하는 습관을 가져라
명제: 명령.

προσεύχεσθε. 2 인칭 현재 명령법 동사로서 습관적 명령에 해당한다. 이를 고려하면, **"기도하는 습관을 가져라"** 이다.

동사상의 관점에서 이는 현재형이므로 전면 현저성으로 보강동사이다. 예수님께서 이 단어의 현재형을 사용하여, 너희가 기도할 것을 강조하고 있다.

ὑμεῖς. 너희는. προσεύχεσθε ὑμεῖς를 직역 문자적으로 번역하면, "너는 기도해라, 너는" 이 된다. ὑμεῖς가 없어도 뜻은 전달이 되는데, 이를 사용한 것은 "너희"를 강조하기 위함이다. 이를 고려하면, 다른 사람은 어떻게 기도하든지 간에, **너희 자신들은** 이렇게 기도하라는 의미이다.

2) 마 6:9 중

Πάτερ ἡμῶν /ὁ ἐν τοῖς οὐρανοῖς·
우리 아버지/ 하늘에 계신

새번역: 하늘에 계신 우리 아버지여

호칭 **Πάτερ** **ἡμῶν**
　　　파테르　헤몬

특성 **ὁ ἐν** **τοῖς** **οὐρανοῖς·**
　　　호 엔　토이스　우라노이스

문장 단어	어근	어근 의미
Πάτερ	πατήρ	아버지
ἡμῶν	ἐγώ	나
ὁ	ὁ	그
ἐν	ἐν	안에 (장소, 영역)
τοῖς	ὁ	그
οὐρανοῖς·	οὐρανός	하늘

문장 단어	발음	의미
Πάτερ	파테르	아버지여
ἡμῶν	헤몬	우리의
ὁ	호	그
ἐν	엔	안에
τοῖς	토이스	그
οὐρανοῖς·	우라노이스	하늘들

어근	발음	의미
πατήρ	파텔	아버지
ἐγώ	에고	나
ὁ	호	그
ἐν	엔	안에 (장소, 영역)
ὁ	호	그
οὐρανός	우라노스	하늘

Πάτερ ἡμῶν
우리의 아버지
명제: 호칭 즉 기도의 대상.

πατήρ. 아버지. 이는 아람어 압바의 헬라어 번역이다. 주격이지만 호격으로 사용되었다. 문두에 나타나는 이 단어는 강조를 위함이다.

이 당시만 해도, 하나님을 아버지라고 이스라엘 사람들은 잘 부르지 않았다. 그런데 예수님께서 제자들에게 하나님을 아버지라고 부르라고 가르치셨다. 하나님을 아버지라고 부르는 경우는 구약에서는 15 회 사복음서에서만 165 회 (신약전체에서는 351 회) 나타난다.

구약에서의 아버지는 첫째 창조주로써의 표현으로 사용되었다 (신 32:6; 사 64:8; 말 2:10). 둘째, 구약의 아버지는 하나님과 이스라엘 백성과의 언약의 관계에서 표현되었다 (출 4:22-23; 신 14:1-2; 렘 31:9; 사 63:16; 호 11:1). 하나님은 이스라엘 백성과 혹은 이스라엘의 왕과의 관계에서 아버지로 표현되었다. 그 어떤 개인에게 혹은 인류에게 하나님은 아버지로 표현되지 않았다. 하나님은 이들과의 구원에 관하여 언약적 관계에서 아버지로 표현되었다. 그럼에도

불구하고 이스라엘 백성들은 하나님을 아버지로 부르는 것을 꺼려하였다.

이런 상황에서 예수님께서 하나님을 아버지라고 제자들에게 부르라고 가르치심으로써 하나님과 그의 제자들과의 관계를 설정하신다. 그리고 그 아버지라는 개념은 믿음과, 권위를 가지신 분에 대한 순종의 개념을 가지고 있다.

ἡμῶν. 우리의. 가족 관계 속격.

ὁ ἐντοῖς οὐρανοῖς·
하늘에 계시는
명제: 특성. 하나님의 특성을 표현한다.
이는 앞의 주격 명사 Πάτερ 을 수식한다.

ὁ. 주격 단수 남성 관사. 이 관사는 전치사구 ἐντοῖς οὐρανοῖς·를 Πάτερ를 수식하는 형용사로 만드는 역할을 한다[1]. 수식어와 수식받는 품사는 성 수 격에 있어서 일치가 되어야 한다. 따라서 이 관사는 앞에 사용된 주격 Πάτερ와 성 수 격에 있어서 일치해야 한다. 관사는 호격을 가지지 않으므로 여기서 주격 관사가 사용되었다.

ἐν. 장소나 영역을 표현하는 전치사이며 이의 목적어로서 여격을 가진다.

---

[1] Olmstead, Wesley G. *Matthew: A Handbook on the Greek Text*. Edited by Lidija Novakovic. Baylor Handbook on the Greek New Testament. Waco, TX: Baylor University Press, 2019. p119.

τοῖς 복수 관사. 이 관사는 독보관사로서 οὐρανοῖς. 가 하나님께서 활동하시는 단 하나만의 보이지 않는 영역임을 지칭한다.

οὐρανοῖς. 이는 복수 형태이므로 "하늘들" 이다. 히브리어의 영향을 받아서 헬라어에서는 복수로 표현되는데 이 복수는 관용 복수라고 불리 운다. 그러나 최근의 한 연구에 의하면 이 복수는 영적인 면을 표현하기 위하여 사용되었다. 이 복수는 항상 단수로 번역된다.

3). 마 6:9 하

ἁγιασθήτω /τὸ ὄνομά σου·
거룩히 여겨지셔야만 합니다 / 당신의 이름이

새번역: 아버지의 이름을 거룩하게 하시며

간구1   **ἁγιασθήτω**   **τὸ ὄνομά σου·**
결단1   하기아스데토   토 오노마 수

문장단어	어근	어근 의미
ἁγιασθήτω	ἁγιάζω	나는 거룩하게 하다
τὸ	ὁ	그
ὄνομά	ὄνομα	이름
σου	σύ	너

문장단어	발음	의미
ἁγιασθήτω	하기아스데토	그것은 거룩하게 되어져야만 한다
τὸ	토	그
ὄνομά	오노마	이름
σου	수	너의

어근	발음	의미
ἁγιάζω	하기아조	나는 거룩하게 하다
ὁ	호	그
ὄνομα	오노마	이름
σύ	수	너

ἁγιασθήτω
거룩히 여겨지셔야만 합니다
명제: 첫째 간구/결단
이는 기도자가 자신의 결단 혹은 결심을 하나님께 기도로 표현한 것이다

ἁγιασθήτω. 부정과거 수동태 삼인칭 명령이다. 이 명령을 하는 자 (여기서는 삼인칭 수동태 명령법을 이용하여 간구하는 자) 가 당신의 이름을 즉 하나님의 이름을 거룩하게 하도록 (노력) 하겠다는 것을 다짐하는 표현이다. 이는 부정과거 명령으로서 긴급한 명령이므로 이 가르침을 받은 제자들이 당장 이렇게 기도해라는 명령이다.

놀란드[2]는 사 29:23 을 근거로 하여서 기도자들이 행동으로 그리고 찬양으로 하나님을 존경해야 한다고 주장한다.

ἁγιάζω. 거룩하게 하다, 존경하다, 혹은 거룩하지 않은 것을 제거하여 순수하게 한다. 이의 의미는 "하나님을 위하여 분리하여 그리고 하나님께 받치는 것"을 의미한다. 이 단어의 기본적 의미는 "분리하다 혹은 다르다" 이다. 하나님을 거룩하게 하는 것은 하나님을 독보적인 존재로 인정하고 믿음, 신뢰 그리고 경외로써 그분을 특별히 존경하는 것을 의미한다.

τὸ ὄνομά σου·
당신의 이름
명제: 첫째 간구/결단 내용

---

[2] Nolland, John. *Luke 9:21–18:34*. Vol. 35B. Word Biblical Commentary. Dallas: Word, Incorporated, 1993. p 614.

τὸ ὄνομά. 여기서 이는 하나님을 지칭한다. 즉 당신의 이름은 하나님을 의미한다.

σου. 당신의. 소유 속격: 당신이 가지고 있는.
새번역에서는 한글의 상황을 고려하여 "아버지의" 라고 번역하였다.

5.2. 마 6:10

1) 마 6:10 상

ἐλθέτω /ἡ βασιλεία σου·
와야만 합니다/ 당신의 나라가
새번역: 아버지의 나라가 오게 하시며

| 간구2 결단2 | **ἐλθέτω** 엘데토 | **ἡ** 헤 | **βασιλεία σου·** 바실레이아 수· |

이는 둘째 결단 혹은 결심을 하나님께 기도로 표현한 것이다

문장단어	어근	어근 의미
ἐλθέτω	ἔρχομαι	오다
ἡ	ὁ	그 (남성 관사)
βασιλεία	βασιλεία	왕국
σου	σύ	너

문장단어	발음	의미
ἐλθέτω	엘데토	그것은 와야만 한다
ἡ	헤	그 (여성 관사)
βασιλεία	바실레이아	왕국
σου	수	너의

어근	발음	의미
ἔρχομαι	엘코마이	오다
ὁ	호	그 (남성 관사)
βασιλεία	바실레이아	왕국
σύ	수	너

ἐλθέτω /ἡ βασιλεία σου·
오셔야만 합니다/ 당신의 나라가
명제: 둘째 간구/결단.

ἐλθέτω 부정과거 능동태 삼인칭 명령법으로서 이 명령을 하는 자 (여기서는 삼인칭 수동태 명령법을 이용하여 간구하는 자)가 당신의 나라를 오도록 하겠다는 것을 다짐하는 표현이다. 이 능동태는 맛손 (2000:12) 은 이것을 기능적 수동태라고 설명한다. 이 간구에 대해서 6:9하를 보라.

이 동사의 어근은 ἔρχομαι 이다. 이 ἔρχομαι 는 **오직 중간태로서** 수동태 의미로 사용되지 않는다. πορεύομαι 나는 가다, 나는 여행하다, προσεύχομαι 나는 기도하다 등의 동사도 오직 중간태에 해당된다. 이들 역시 수동태의 의미를 가지지 않는다.

두번째의 간구에서 첫째 제자들은 "하나님께서 제자들이 하나님의 나라가 오도록 하기를 원하고 계심" 을 알아야 한다.

그리고 제자들이 "하나님의 나라가 오도록 하겠다" 라는 실천을 위하여 주기도문으로 하나님께 기도함으로써 결단을 습관적으로 해야 한다.

이 기도문을 통하여 예수님의 제자 가르치는 방법 혹은 훈련이 영육간에 있어서 아주 강한 방법임을 엿볼 수가 있다. 영적으로는 하나님을 거룩하게 하겠다는 것이고 육적으로는 기도하는 습관을 가지는 것이다.

ἡ βασιλεία σου·
당신이 다스리시는 나라가

ἡ βασιλεία σου·는 ἐλθέτω 의 주격 주어. 나라는 하나님의 통치를 의미한다. 우리는 현재 하나님의 나라에 살고 있지만 아직 완전한 하나님의 나라는 아니다. 복음이 완전히 전파된 후에는 하나님의 나라가 완전히 도래한다.

σου. 당신이 다스리시는. 주어적 속격.

대칭 구조

첫 세 간구는 다음과 같이 대칭구조를 이룬다.

   ἁγιασθήτω ·
     ἐλθέτω
 γενηθήτω

이 구조에서 가장 중요한 것은 가운데 부분으로서 하나님의 나라를 오도록 하는 것이다.

2). 마 6:10 중

γενηθήτω /τὸ θέλημά σου,
이루어 지셔야만 합니다 / 당신의 뜻이
명제: 세 번째 간구/결단

아버지의 뜻이 이루어지게 하소서

| 간구3 결단3 | **γενηθήτω τὸ** 게네데토 토 | **θέλημά** 델레마 | **σου,** 수 |

이는 셋째 결단 혹은 결심을 하나님께 기도로 표현한 것이다

문장단어	어근	어근 의미
γενηθήτω	γίνομαι	나는 수행하다
τὸ	ὁ	그 (중성 관사)
θέλημά	θέλημα	뜻
σου	σύ	너

문장단어	발음	의미
γενηθήτω	게네데토	수행되어져야만 한다
τὸ	토	그 (중성 관사)
θέλημά	델레마	뜻
σου	수	너의

어근	발음	의미
γίνομαι	기노마이	나는 수행하다
ὁ	호	그 (남성 관사)
θέλημα	델레마	뜻
σύ	수	너

γενηθήτω
이루어 져야만 합니다.
명제: 세 번째 간구/결단

γενηθήτω. 부정과거 수동태 삼인칭 명령법으로서 이 명령을 하는 자 (여기서는 삼인칭 수동태 명령법을 이용하여 간구하는 자)가 당신의 나라를 오도록 하겠다는 것을 다짐하는 표현이다. 6:9하를 보라.

세번째의 간구에서 첫째 제자들은 "하나님께서 제자들이 하나님의 뜻을 이루기를 원하심" 을 알아야 한다.

그리고 제자들이 "하나님의 뜻을 이루도록 하겠다" 라는 실천을 위하여 주기도문으로 하나님께 기도함으로써 결단을 습관적으로 해야 한다.

이 기도문을 통하여 예수님의 제자 가르치는 방법 혹은 훈련이 영육간에 있어서 아주 강한 방법임을 엿볼 수가 있다. 영적으로는 하나님을 거룩하게 하겠다는 것이고 육적으로는 기도하는 습관을 가지는 것이다.

τὸ θέλημά σου
당신의 뜻
명제: 세 번째 간구의 내용

τὸ θέλημά 는 γενηθήτω 의 주격 주어이다. 하나님의 뜻은 작정 혹은 주권적인 뜻과 명령으로 표현되었다. 작정이란 하나님의 계획을 의미하며, 명령이란 하나님의 백성들이 실천해야 하는 하나님의 지시이다.

σου. 당신이 원하시는. 주어적 속격. 마태복음에서는 하나님의 뜻에 순종해야 하는 뉘앙스를 가지고 있다

(7:21; 12:50; 18:14; 21:32; cf. 26:4). 새번역에는 "아버지의" 라고 번역되었다. 이는 한국 문화의 관점에서 의역되었다.

3). 마 6:10 하

ὡς/ ἐν οὐρανῷ /καὶ ἐπὶ γῆς·
처럼/ 하늘에서 / 역시 땅에서
{하늘에서 이루어진 것처럼, (역시) 땅에서}
새번역: 하늘에서와 같이 땅에서도 (이루어지게 하소서)

비교   ὡς
            호스

영역1   ἐν οὐρανῷ
            엔 우라노

영역2   καὶ ἐπὶ γῆς·
            카이 에피 게스

문장단어	어근	어근 의미
ὡς	ὡς	처럼
ἐν	ἐν	안에
οὐρανῷ	οὐρανός	하늘
καὶ	καί	역시, 그리고
ἐπὶ	ἐπί	위에
γῆς·	γῆ	땅

문장단어	발음	의미
ὡς	호스	처럼
ἐν	엔	안에
οὐρανῷ	우라노	하늘
καὶ	카이	역시, 그리고
ἐπὶ	에피	위에
γῆς·	게스	땅의

어근	발음	의미
ὡς	호스	처럼
ἐν	엔	안에
οὐρανός	우라노스	하늘
καί	카이	역시, 그리고
ἐπί	에피	위에
γῆ	게	땅

ὡς ἐν οὐρανῷ
하늘에서 이루어진 것 같이
명제: 비교

ὡς 는 비교접속사로서 주기도문에서 이 접속사절은
구조적으로 앞의 세번째 간구와 연결되는 것이 자연스럽다.
그러나 의미에 있어서는 앞의 모든 세 간구들과도
연결된다고도 볼 수 있다.

ἐν 은 장소를 표현하는 전치사로서 여격을 수반한다.

οὐρανῷ 는 단수 "하늘"이며 여격이다. 이 단수는 창조된 보이는 지상의 영역 혹은 "하늘과 땅"이란 짝 표현에서 사용되고, 복수는 보이지 않는 영적인 부분 혹은 신적인 부분을 표현한다. 이 단수는 하나님의 거주지이며, 하나님의 뜻이 완전하게 수행되어지는 영역이다.

καὶ ἐπὶ γῆς·
역시 땅위에서
명제: 장소

καὶ. 역시. 보조 접속사. ὡς.....καὶ... ~하듯이 ~하다.

ἐπὶ 위에. 장소를 표현하는 전치사로서 속격을 수반한다.

γῆς· 땅. 지상의 표면이며, 인간의 거주지.

5.3. 마 6:11

τὸν ἄρτον ἡμῶν τὸν ἐπιούσιον / δὸς ἡμῖν σήμερον
우리의 일용할 양식을 / 오늘 우리에게 주십시오.
새번역: 오늘 우리에게 일용할 양식을 주시고

내용	τὸν	ἄρτον	ἡμῶν	τὸν	ἐπιούσιον
	톤	알톤	헤몬	톤	에피우시온

간구4 필요1	δὸς	ἡμῖν	σήμερον·
	도스	헤민	세메론

이 네번째 간구는 위의 세 간구들을 위하여 결단하고 생활을 하겠으니 우리에게 첫 번째로 필요한 물질을 위한 간구이다.

문장단어	어근	어근 의미
τὸν	ὁ	그 (남성 관사)
ἄρτον	ἄρτος	떡
ἡμῶν	ἐγώ	나
τὸν	ὁ	그 (남성 관사)
ἐπιούσιον	ἐπιούσιος	매일
δὸς	δίδωμι	나는 주다
ἡμῖν	ἐγώ	나
σήμερον·	σήμερον·	오늘

문장단어	발음	의미
τὸν	톤	그 (중성 관사)
ἄρτον	알톤	떡
ἡμῶν	헤몬	우리의
τὸν	톤	그 (중성 관사)
ἐπιούσιον	에피우시온	매일
δὸς	도스	너는 주시오
ἡμῖν	헤민	우리에게
σήμερον·	세메론	오늘

어근	발음	의미
ὁ	호	그 (남성 관사)
ἄρτος	알토스	떡
ἐγώ	에고	나
ὁ	호	그 (남성 관사)
ἐπιούσιος	에피우시오스	매일
δίδωμι	디도미	나는 주다
ἐγώ	에고	나
σήμερον·	세메론	오늘

τὸν ἄρτον ἡμῶν τὸν ἐπιούσιον
우리의 일용할 양식을
명제: 네 번째 간구의 내용.

τὸν ἄρτον. 이는 일부를 이용하여 전체를 표현하는 제유법으로서 음식 혹은 물질적 충족을 의미한다. 문장에서

이는 강조의 위치에 있다. δὸς 의 대격 직접 목적어.

ἡμῶν. 우리의. 소유 속격으로서 "우리가 필요로 하는 빵"을 의미한다.

ἐπιούσιον. 이는 세 가지의 의미를 가진다: 1) 생필품, 2) 오늘을 위하여, 3) 다음날을 위하여: 일용할 양식. 이 3) 번째는 "내일을 위하여 오늘 우리의 떡을 우리에게 주십시오"로 번역된다.

δὸς ἡμῖν σήμερον·
오늘날 우리에게 주십시오
명제: 네번째 간구 / 첫번째 필요

δὸς. 주십시오. 부정과거 명령법으로서 절대적이며 긴급성을 표현한다. 이 표현은 아버지가 음식, 물질의 복을 주시는 분이심을 고백하는 것이다.

ἡμῖν. 우리에게. δὸς 의 여격 간접 목적어.

σήμερον. 오늘. 수사학적으로 긴급성을 표현한다.

5.4. 마 6:12

1) 마 6:12 상

καὶ ἄφες ἡμῖν / τὰ ὀφειλήματα ἡμῶν,
그리고 우리를 위하여 용서하여 주소서/ 우리의 죄들을
새번역: 우리 죄를 용서하여 주시고

| 간구5
필요2 | **καὶ**
카이 | **ἄφες**
아페스 | **ἡμῖν**
헤민 |

| 내용 | **τὰ**
타 | **ὀφειλήματα**
오페일레마타 | **ἡμῶν,**
헤몬 |

이 다섯번째 간구는 위의 첫 세 간구들을 위하여 결단하고 생활을 하겠으니 우리에게 둘째로 필요한 죄 용서를 위한 간구이다.

문장단어	어근	어근 의미
καὶ	καὶ	그리고
ἄφες	ἀφίημι	나는 용서하다
ἡμῖν	ἐγώ	나
τὰ	ὁ	그 (남성 관사)
ὀφειλήματα	ὀφείλημα	빚, (도덕적) 죄
ἡμῶν	ἐγώ	나

문장단어	발음	의미
καὶ	카이	그리고
ἄφες	아페스	당신은 용서해 주세요
ἡμῖν	헤민	우리를 위하여
τὰ	타	그 (복수 중성 관사)
ὀφειλήματα	오페이레마타	죄들을
ἡμῶν	헤몬	우리의

어근	발음	의미
καὶ	카이	그리고
ἀφίημι	아피에미	나는 용서하다
ἐγώ	에고	나
ὁ	호	그 (남성 관사)
ὀφείλημα	오페이레마	빚, (도덕적) 죄
ἐγώ	에고	나

καὶ ἄφες ἡμῖν
우리를 위하여 용서하여 주십시오
명제: 다섯번째 간구/둘째 필요

ἄφες. 당신은 용서해 주세요. 죄를 용서하다, 빚을 감하다란 헬라어 동사 ἀφίημι 의 부정과거 명령법으로서 절대적이며 긴급성을 가진다.

이 죄용서는 아버지가 심판자이심을 의미한다. 이 단어는 자신으로부터 내보내는 것을 의미한다. 그리고 기도자가 이

용어를 사용하는 이유는 기도의 대상인 아버지가
심판자이심을 고백하는 것이다.

ἡμῖν. 우리를 위하여. 유익 여격.

τὰ ὀφειλήματα ἡμῶν,
우리의 죄들을
명제: 다섯 번째 간구/둘째 필요의 내용

τὰ ὀφειλήματα. 죄들을. ἄφες 의 대격 직접 목적어.

ἡμῶν, 주어적 속격: 우리가 만든.

2). 마 6:12 하

ὡς καὶ ἡμεῖς ἀφήκαμεν / τοῖς ὀφειλέταις ἡμῶν·
우리 역시 용서해 준 것처럼 / 우리에게 죄 진자들을
명제: 비교
우리가 우리에게 잘못한 사람을 용서하여 준 것처럼

매너　　**ὡς   καὶ   ἡμεῖς   ἀφήκαμεν**
　　　　 호스   카이 헤메이스   아페카멘

내용　　**τοῖς   ὀφειλέταις   ἡμῶν·**
　　　　 토이스   오페일레타이   헤몬

문장단어	어근	어근 의미
ὡς	ὡς	처럼
καὶ	καὶ	그리고
ἡμεῖς	ἐγώ	나
ἀφήκαμεν	ἀφίημι	나는 용서하다
τοῖς	ὁ	그 (남성 관사)
ὀφειλέταις	ὀφειλέτης	빚진 자, 죄진 자
ἡμῶν·	ἐγώ	나

문장단어	발음	의미
ὡς	호스	처럼
καὶ	카이	그리고
ἡμεῖς	헤메이스	우리는
ἀφήκαμεν	아페카멘	우리는 용서하다
τοῖς	토이스	그 (중성 관사)
ὀφειλέταις	오페일레타이스	죄들
ἡμῶν·	헤몬	우리의

어근	발음	의미
ὡς	호스	처럼
καὶ	카이	그리고
ἐγώ	에고	나
ἀφίημι	아피에미	나는 용서하다
ὁ	호	그 (남성 관사)
ὀφειλέτης	오페일레테스	빚진자, 죄진자
ἐγώ	에고	나

ὡς καὶ ἡμεῖς ἀφήκαμεν
우리 역시 용서한 것처럼
명제: 행위 비교

ὡς. 매너: 우리가 다른 사람을 용서해 준 것과 *같은 방법*으로 우리를 용서해 주십시오. 어떤 학자들은 이를 원인 (때문에) 혹은 조건으로 번역하였다.

καὶ 보조 접속사. 역시

ἡμεῖς. 우리는. 강조를 위해서 사용됨.

ἀφήκαμεν. ἀφίημι 의 부정과거. 이 부정과는 영어 완료적 부정과거에 해당한다. 대부분의 영어 성경이 이렇게 번역하였다: "우리는 용서해 주었다 (예전에 용서해 주었고 그 결과 지금도 용서된 채로 지내고 있다 (NIV; CSB; LEB; NRSV; ESV).

τοῖς ὀφειλέταις ἡμῶν·
우리에게 죄 지은 자들을
명제: 행위 내용

τοῖς ὀφειλέταις. 죄 진자들을 위하여. 유익 여격.

ἡμῶν. 우리들에게. 목적어적 속격.

5.5. 마 6:13

1) 마 6:13 상

καὶ μὴ εἰσενέγκῃς ἡμᾶς / εἰς πειρασμόν,
그리고 우리를 들게 하지 마소서/ 시험에
명제: 여섯번째 간구

우리를 시험에 빠지지 않게 하시고

간구6	**καὶ**	**μὴ**	**εἰσενέγκῃς**	**ἡμᾶς**
필요3	카이	메	에이세넹케스	헤마스

목표	**εἰς**	**πειρασμόν,**
	에이스	페이라스몬

이 여섯번째 간구는 첫 세 간구들을 위하여 결단하고 생활을 하겠으니 우리에게 셋째로 필요한 보호 (무시험과 무유혹) 을 위한 간구이다.

문장단어	어근	어근 의미
καὶ	καὶ	그리고
μὴ	μὴ	아닌
εἰσενέγκῃς	εἰσφέρω	내가 데려가다
ἡμᾶς	ἐγώ	나
εἰς	εἰς	안으로
πειρασμόν	πειρασμός	유혹, 시험

문장단어	발음	의미
καὶ	카이	그리고
μὴ	메	아닌
εἰσενέγκῃς	에이세넹케스	당신이 데려가다
ἐγώ	에고	나
εἰς	에이스	안으로
πειρασμόν	페이라스몬	유혹, 시험

어근	발음	의미
καὶ	카이	그리고
μὴ	메	아닌
εἰσφέρω	에이스페로	내가 데려가다
ἐγώ	에고	나
εἰς	에이스	안으로
πειρασμός	페이라스모스	유혹, 시험

καὶ μὴ εἰσενέγκῃς ἡμᾶς
그리고 우리를 데리고 가지 마세요
명제: 여섯 번째 간구

μὴ εἰσενέγκῃς. μὴ +εἰσενέγκῃς 부정과거 가정법 = 금지. 이는 진입적 금지는 "시작도 하지마라" 혹은 일반적 금지로서 "요약적 금지"를 의미한다.

이 표현은 아버지가 절대적인 심판자이시며 구원자이심을 기도자가 고백한다.

μὴ 아닌, 계사.

εἰσενέγκῃς. 안으로 데리고 가다, 안으로 인도하다의 εἰσφέρω 의 가정법.

εἰς πειρασμόν,
유혹으로
명제: 목표

εἰς. ~안으로. 목표를 표현하는 전치사.

πειρασμόν, 시험 혹은 유혹. 개역개정은 "시험," 천주교 성경은 "유혹" 그리고 대부분의 영어 성경은 "유혹" 으로 번역하였다.

2). 마 6:13 하

ἀλλὰ ῥῦσαι ἡμᾶς / ἀπὸ τοῦ πονηροῦ.
그러나 우리를 구하소서 / 악으로부터
명제: 일곱번째 간구/ 네 번째 필요

악에서 구하소서

| 간구7
필요4 | ἀλλὰ
알라 | ῥῦσαι
루후사이 | ἡμᾶς
헤마스 |

| 분리 | ἀπὸ
아포 | τοῦ
투 | πονηροῦ.
포네루 |

이 일곱번째 간구는 첫 세 간구들을 위하여 결단하고 생활을 하겠으니 우리에게 넷째로 필요한 보호를 위한 간구이다.

문장단어	어근	어근 의미
ἀλλὰ	ἀλλὰ	그러나
ῥῦσαι	ῥύομαι	나는 구하다
ἡμᾶς	ἐγώ	나
ἀπὸ	ἀπὸ	~부터
τοῦ	ὁ	그 (남성 관사)
πονηροῦ	πονηρός	악

문장단어	발음	의미
ἀλλὰ	알라	그러나
ῥῦσαι	루후사이	당신은 구해 주십시오
ἡμᾶς	헤마스	우리를
ἀπὸ	아포	~부터
τοῦ	투	그 (중성 관사)
πονηροῦ	포네루	악

어근	발음	의미
ἀλλὰ	알라	그러나
ῥύομαι	루후오마이	나는 구하다
ἐγώ	에고	나
ἀπὸ	아포	~부터
ὁ	호	그 (남성 관사)
πονηρός	포네로스	악

ἀλλὰ ῥῦσαι ἡμᾶς
그러나 우리를 구하소서
명제: 일곱번째 간구 / 네번째 필요: 보호

ῥῦσαι. ῥύομαι 의 부정과거 중간태. 이는 간접중간태로서 "당신을 위하여 구하소서" 라는 의미를 가진다.

이 표현은 아버지가 절대적인 심판자이시며 구원자이심을 기도자가 고백한다.

ἡμᾶς. 우리를. ῥῦσαι 의 대격 직접 목적어.

ἀπὸ τοῦ πονηροῦ.
그 악으로 부터
명제: 분리

ἀπὸ. ~부터. 분리를 표현하는 전치사.

τοῦ πονηροῦ. 여기서 관사는 독보관사로서 한 부류에서 단지 한 개만 존재하는 것을 의미한다. 번역은 "그 악으로 부터 구해 주세요." (CSB; NIV; NRSV; NLT; NET; NJB). 이는 사탄을 의미한다. 혹은 일반적인 악을 의미한다 (KJV; NASB; ESV).

6. 요약

지금까지의 연구를 다음과 같이 요약할 수 있다.

1) 기도의 태도. 사적인 장소에서 해야 할 개인의 기도를 공공장소에서 기도하는 외식하는 자들과 왕상 18:26-29 에서처럼 의미가 없는 말로 기도하는 이방인들과는 달리, 믿음과 순종의 마음으로, 하나의 모델로서 가르쳐 주는 이 주기도문처럼, 기도하는 태도를 기도자는 가져야 한다.

2) 초대 교회 문헌인 디다케에 의하면 유대인들은 하루에 세 번씩 기도하였다. 예수님께서 구체적으로 하루에 몇 번 기도하라고 말씀하시지는 않았고 단지 현재 명령법을 사용하셨다. 이는 기도하는 습관을 가지라는 의미이다.

3) 처음 세 간구들은 기도자의 결단을 표현하고 다음에 오는 네 간구들은 이 세 간구들을 실천하는데 필요한 것들을 기도한 것이다

4) 첫 세 간구들은 대칭 구조를 이룬다. 이 대칭 구조에서 핵심은 가운데 즉 둘째 간구로서 이는 하나님의 나라이다.

5) 후반부 네 간구들은 아버지가 복의 근원이시며, 심판자와 구원자이심을 표현한다.

6) 모든 간구는 부정과거로 사용되었다. 이는 단언적 명령으로서 절대적이며 무조건적이다. 부정과거 명령은 또한 긴급성을 가진다.

7) 주기도문을 아웃라인으로 요약하면 다음과 같다

(1) 기도의 태도: 믿음과 순종
(2) 기도의 대상: 아버지
(3) 기도의 내용

  (3.1) 기도자의 결단를 기도로 표현
     첫째 간구/ 첫째 결단
          내가 하나님의 이름을 거룩하게 하겠다
     둘째 간구/ 둘째 결단
          내가 하나님의 나라가 오게 하겠다
     셋째 간구/ 셋째 결단
          내가 하나님의 뜻을 이루겠다

  (3.2) 위 세 결단을 실천하는데 필요한 것들
     넷째 간구 / 첫째 필요: 일용할 양식 – 물질
     다섯째 간구/ 둘째 필요: 죄 용서
     여섯째 간구/ 셋째 필요: (보호) 유혹
     일곱째 간구/ 넷째 필요: (보호) 악

7. 부록

7.1 단어들

어근	발음	의미
ἁγιάζω	하기아조	나는 거룩하게 하다
ἀλλὰ	알라	그러나
ἀπὸ	아포	~부터
ἄρτος	알토스	떡
ἀφίημι	아피에미	나는 용서하다
βασιλεία	바실레이아	왕국
γῆ	게	땅
γίνομαι	기노마이	나는 수행하다
δίδωμι	디도미	나는 주다
ἐγώ	에고	나
εἰς	에이스	안으로
εἰσφέρω	에이스페로	내가 데려가다
ἐν	엔	안에 (장소, 영역)
ἐπί	에피	위에
ἐπιούσιος	에피우시오스	생필품, 오늘의 양식, 일용할 양식
ἔρχομαι	엘코마이	오다, 가다
θέλημα	델레마	뜻
καί	카이	그리고, 역시, 심지어
μὴ	메	아닌
ὁ	호	그 (남성 관사)

ὄνομα	오노마	이름
οὖν	운	그러므로
οὐρανός	우라노스	하늘
οὕτως	후토스	이런 식으로
ὀφειλέτης	오페일레테스	빚진자, 죄진자
ὀφείλημα	오페일레마	죄
πατήρ	파텔	아버지
πειρασμός	페이라스모스	유혹, 시험
πονηρός	포네로스	악
προσεύχομαι	프로슈코마이	나는 기도하다
ῥύομαι	루후오마이	나는 구하다
σήμερον·	세메론	오늘
σύ	수	너
ὡς	호스	처럼

7.2 간략한 문법

7.2.1. 어순과 강조

헬라어 문장의 어순은 아주 다양하다. 그리고 이 어순은 강조를 위해서 배열된다. 일반적으로 성경 저자는 강조를 위한 단어를 문두에 둔다.

Βλέπει	ἄνθρωπος	ἀπόστολον
본다	한 사람은	한 사도를.

	바른 헬라어 문장	번역
A)	**βλέπει** ἄνθρωπος ἀπόστολον.	한 사람은 한 사도를 보고 있다.
B)	**ἄνθρωπος** βλέπει ἀπόστολον.	한 사람은 한 사도를 보고 있다.
C)	**ἀπόστολον** ἄνθρωπος βλέπει.	한 사람은 한 사도를 보고 있다.

7.2.2. 주어와 동사

헬라어 동사는 주어를 포함하기도 한다. 그럼에도 문장에 주어가 별도로 사용되었다면 (외부 주어), 이 주어는 강조를 위해서 사용되었다.

A) 강조용 외부주어와 동사

    ἐγώ εἰμι ὁ ἄρτος τῆς ζωῆς
    나는 내 스스로 생명의 떡이다 (요 6:35)
    외부 주어는 ἐγώ **이다.**

B) 외부주어 없이 동사만 있는 문장
εἰμι ὁ ἄρτος τῆς ζωῆς
나는 생명의 떡이다.

7.2.3. 헬라어 실명사의 성 수 격

A) 성

성에는 자연적 성과 문법적 성이 있다. 자연적 성이란 왕, 수소 등은 남성으로, 여왕, 여배우 등은 여성으로, 돌, 책등을 중성으로 표현된다.

문법적 성이란 언어적 혹은 문법적 영역에 속한다. 헬라어 실명사는 이 문법적 성을 가지며, 각 단어의 성은 사전에 표기 되었으므로 암송해야 한다.

B) 수

일반적으로 수에는 단수와 복수가 있다. 하나를 지칭할 경우는 단수, 두개 혹은 두개 이상을 지칭할 경우는 복수이다.

C) 격

헬라어 문장의 어순은 아주 다양하다. 그래서 문장의 의미를 찾기 위해서 문장내에서 사용된 단어와 단어 사이의 관계를 설명해 주는 것이 **격이다**.

헬라어 격은 실명사에서만 나타난다. 실명사란 주어가 될 수 있는 명사 역할을 할 수 있는 품사 혹은 명사를 수식할 수 있는 명사, 대명사, 분사, 부정사, 형용사, 관사들이다. 이

실명사의 격은 실명사의 어미의 변화 (declension) 로
표시된다. 이 변화는 1, 2, 그리고 3 변화로 나누어진다.

헬라어 격에는 다섯 가지의 격 즉 주격, 속격, 여격, 대격,
호격이 있다. 주격과 호격의 형태가 거의 같다. 그래서 이
격의 형태는 주로 네 가지의 격으로 표현된다. 호격은 남을
부를 때 사용된다. 그래서 헬라어 성경을 읽기 위해서는
실명사의 격 변화가 이해되어야 한다.

이 격은 실명사 (명사와 명사상당어구) 에서만 나타나고
실명사 어미의 변화에 의해서 표현되는데 이는 마치 한글의
조사와 같다. 아래의 "조사와 격의 비교"를 참조해라.

표: 조사와 격의 비교

기능	단수	복수	격
주어	나	우리	**주격**
소유	나의	우리의	**속격**
간접 목적어	나에게	우리에게	**여격**
직접 목적어	나를	우리를	**대격**

7.2.4. 정관사와 변화

헬라어는 정관사 (그, the) 만을 가지고 부정관사 (하나, a, an)
를 가지지 않는다. 따라서 관사가 없는 헬라어 명사는
부정관사를 사용하여 번역되어야 한다. 예를 들어 ἐκκλησία
는 "하나의 교회" 로 번역되어야 한다.

이 실명사의 어미 변화는 정관사의 격 변화와 비슷한
부분이 많다. 따라서 다음의 변화표를 이용하여 관사의 격은
반드시 암송되어야 한다.

정관사 격의 변화표

	남성	여성	중성
단수 주격	ὁ	ἡ	τό
단수 속격	τοῦ	τῆς	τοῦ
단수 여격	τῷ	τῇ	τῷ
단수 대격	τόν	τήν	τό
복수 주격	οἱ	αἱ	τά
복수 속격	τῶν	τῶν	τῶν
복수 여격	τοῖς	ταῖς	τοῖς
복수 대격	τούς	τάς	τά

7.2.5. 헬라어 동사

헬라어 동사는 일반적으로 시제, 서법, 태로 나누어진다. 시제와 관련하여서, 정확하게는 시제라는 단어 대신에 동사는 시제형태 동사라고 불리운다. 이 시제형태동사는 시간, 동작의 종류, 그리고 동사상을 표현한다.

A) 시간

동사의 행위는 일반적으로 과거, 현재, 미래를 표현한다. 헬라어 시제 형태 동사의 시간은 문맥에서 결정된다. 예를 들어서 다음과 같은 헬라어 문장이 있다.

πιστεύετε ὅτι **ἐλάβετε**
구하는 것은 **받은 줄로** 믿으라.

이는 막 11:24의 "무엇이든지 기도하고 구하는 것은 받은 줄로 믿으라" 에 포함되었다. 검은 글씨의 헬라어는

부정과거로서 전통적으로 해석하면 "너희는 받았다" 라고
표현된다. 이것을 부정과거 시제로 표현한 것은 받을 것이
확실함을 표현하기 위해서이다. 이것은 미래적 부정과거라고
불리운다. 시간적으로는 이 행위는 비록 부정과거로
표현되었지만 미래의 행위를 서술한다.

B) 동작의 종류

동작의 종류는 예를 들면, 순간적, 반복적, 습관적, 지속적,
격언적 등이 있다. 동작의 종류도 역시 문맥에 의해서
결정된다.

C) 동사상

동사상이란 **저자가 사건을 서술하는 주관적 관점이다**.
이것은 동사의 종류를 지칭한다. 그런데 오늘날의 성경
독자에게는 이 동사상이 객관적이다. 그래서 헬라어 동사를
주석할 경우에는 파싱과 함께 이 동사상이 설명되어져야
한다.

미완료상 (현재와 미완료 시제). 사건의 시작이나 마침이
없이 계속 진행 중임을 서술한다. 현재 진행형이 하나의
예이다. 이는 마치 동영상을 보는 것과 같다.

완료상 (부정과거 시제). 사건이 하나의 완료된 행위로
서술하는 저자의 관점이다. 미래 시제도 여기에 포함된다.

정지상 혹은 **상태상** (완료와 과거완료시제). 이는 과거의 한
행위가 완료되어서 그 결과가 현재도 계속 지속되어지는
결과를 서술하는 관점이다. 이는 완료상과 미완료상을 다
포함하고 있어서 **결합적 동사상이라고도** 불리운다.

D) 현저성

포터에 의하면 동사상은 현저성 혹은 강조와 관련이 있다.

배경 현저성. 부정과거에 의한 완료상은 배경 현저성을 가진다. 이는 부정과거 동사가 사건을 서술하는데 기본적으로 사용된다.

전면 현저성. 현재 시제 형태 동사와 미완료 시제 형태 동사가 가지는 현저성이다. 저자는 이를 보강 동사 (보통강조동사) 라고 칭한다.

최전면 현저성. 완료 동사와 과거완료 동사가 가지는 현저성이다. 저자는 이를 최강 동사 (최고로 강조하는 동사) 라고 칭한다.

7.2.6. 3인칭 수동태 명령법

3인칭 명령법은 세 가지 용법을 가지고 있다 (시그노 1999)[3].

A) 동작주인 주어를 강조.

2인칭 명령의 주어가 3인칭 명령의 주어로 변환되어서 강조된다.

> 가능한 2인칭 명령: (너희는) 산으로 도망해라
>
> 3인칭 명령: **유대에 있는 자들은** 산으로 도망할찌어다 (마 24:16)

---

[3] Signor, Schuyler. "The Third Person Imperative in the Greek New Testament." Master's Thesis, Abilene Christian University, 1999.

도망할찌어다 (도망해야만 한다) 는 3인칭 명령.

B) 3인칭 명령의 주어가 강조.

2 인칭 명령에서 목적어가 3인칭 명령에서 주어로 변환되어 강조됨.

가능한 2 인칭 명령: (너는) **너의 빛을** 비추어라

3 인칭 명령: **너의 빛은** 비쳐져야만 한다.

주기도문의 3인칭 수동태 명령법이 여기에 해당된다.

C) 3 인칭 명령법이 조건문의 결과절로 나타난다.

그 집이 이에 합당하면 너희 빈 평안이 거기 임할 것이요 (마 10:13)

설명: 임할 것이요 (3인칭 명령법)

여기서 살펴볼 것은 주기도문에 대한 것이다. 시그노 (1999:27-35) 와 시그노의 연구를 이용한 맛손 (2000)[4] 의 연구를 이용하여 여기서는 주기도문의 처음 세 간구들을 살펴보겠다.

이를 이해하기 위해서 시그노는 창 1:3 을 이용하였다.

빛이 있으라
γενηθήτω φῶς 게네데토 포스

---

[4] Matson, Mark A. "The Our Father and 3rd Person Imperatives." Milligan College, 2000

이는 문법적으로 3인칭 수동태 명령법이다. 이 문장에서 주어는 빛이다. 그래서 이것의 문자적 번역은 "빛은 있어져야만 한다" 이다. 창조 이전에 하나님께서 이 명령을 하실 때에는 "내가 빛을 만들겠다" 라는 하나님의 결단이고 우리에게 이는 하나님의 섭리의 한 부분에 해당한다.

창 1:1 은 "태초에 하나님이 천지를 창조하시니라" 라고, 그리고 창 1:3 은 "하나님이 가라사대 빛이 있으라 하시매 빛이 있었고" 라고 기록하고 있다. 이를 유추하면, 빛은 하나님의 첫 창조물이다.

사막에서 고립된 사람들이 "여기서 살기 위해서 집은 지어져야만 한다" 라고 말할 때에는, 이는 "우리가 집을 짓자" 라는 의미를 가진다. 화자만이 존재하는 상황에서 이 말을 하는 화자는 바로 청자가 된다. 이런 상활에서 명령권자가 바로 명령 수행자이다. 이 삼인칭 명령에서 화자는 자신의 결심 혹은 결단을 표현한다.

창 1:3에 본 것처럼 삼인칭 명령법은 삼인칭에게 명령하는 것이 아니라 이인칭 혹은 일인칭에게 주는 명령이다.

그러면 왜 창 1:3에서 "하나님께서 가라사대 내가 빛을 만들겠다" 라고 말씀하시지 않으시고, "빛이 있으라" 고 3인칭 수동태 명령법을 사용하셨을까? 일반적으로 문장에서 주어는 주체로서 독자들에게 더 분명하게 의미를 전달하는 역할을 한다.

위의 예문들에서 첫째 문장에서 주어는 "내가 (하나님)" 이고 둘째 문장에서 주어는 "빛"이다. 이를 달리 설명하면 첫 문장에서는 "하나님께서 행하셨디" 이고 둘째 문장에서는 "빛이 있었다" 가 각 문장의 핵심이 된다. 빛이 첫 창조물이기 때문에, 이 후자 문장은 하나님의 창조물 가운데서 빛이 가장 중요하고 모든 창조물의 중심임을 표현한다고 볼 수 있다.

그리고 영적인 면에서도 어둠과 무질서에 대응하는데 있어서도 역시 빛이 중심이다. 중요한 것을 표현할 때 이것을 빛과 연관시킨다. 하나님도 (요일 1:5), 예수님도 (요 8:12), 말씀도 (시 119:105), 교회도 빛이다 (너희는 세상의 빛이라, 마 5:14). 이런 빛의 중요성을 창 1:3 에서 하나님께서는 우리 인간에게 말씀하셨고 지금도 말씀하시고 계신다.

이제 주기도문으로 돌아가자. 이 주기도문의 세 간구에서 강조되는 것은 명령권자 혹은 화자에 의해서 행해진 것이다.

이를 첫 간구에 적용하면 다음과 같이 설명할 수가 있다.

첫 간구는 "당신의 이름이 거룩하게 되어져야 합니다" 이다. 제자들이 이 간구를 하는 것은 제자들이 자신의 결단을 표현하는 것이다. 즉 내가 당신의 이름을 거룩하게 되도록 노력하겠습니다는 결단을 표현하는 것이다.

3인칭 명령법은 주어를 강조하기 위하여 사용되었다. 이 첫째 간구에서 주어는 "하나님의 이름" 이다. 이는 "하나님" 을 지칭한다.

이 첫째 간구를 통해서 예수님께서 제자들에게 요구하는 것은 다음과 같다.

첫째 "하나님께서 제자들이 하나님의 이름을 거룩하도록 살아가기를 원하고 계심" 을 제자들은 알아야 한다.

둘째 제자들이 "하나님의 이름을 거룩하게 하겠다" 라는
실천을 위하여 습관적으로 결단해야 한다. 예수님의 제자
가르치는 방법 혹은 훈련이 영육간에 있어서 아주 강한
방법임을 엿볼 수가 있다. 영적으로는 하나님을
거룩하게 하겠다는 것이고 육적으로는 기도하는 습관을 가지는
것이다.

7.2.7. 중간태 동사

7.2.7.1. 중간태 종류

주어가 동사의 행위를 수행할 때, 이 행위의 결과가
주어에게 영향을 미치게 하는 동사가 중간태 동사이다.

A) 직접 중간태: 주어의 행위의 결과가 주어 자신에게
영향을 주는 동사이다.

  마 27:5 ἀπήγξατο
     그는 스스로 목매었다.

B) 간접 중간태: 주어가 자신을 위해서 행동하는 것을
서술하는 동사.

  엡 1:4 ἐξελέξατο ἡμᾶς
     그는 자신을 위하여 선택하였다

C) 원인 중간태: 주어가 자신을 위하여 어떤 것을 하도록
하였다.

  행 1:18 ἐκτήσατο χωρίον
     그는 자신을 위하여 밭을 구입하였다

7.2.7.2. 오직 중간태 동사

오직 중간태 동사들은 전통적으로 디포넌트 동사라고 불려졌다. 그 이유는 이 디포넌트 동사는 중간태 혹은 수동태 형태를 가지지만 능동태 의미를 가지기 때문이다. 그런데 최근에는 이 디포넌트 동사가 오직 중간태 동사라고 불려져야 하는데 그 이유는 동사의 행위에 주어의 참여를 강조하기 때문이다. 오직 중간태 동사에는 다음과 같은 종류들이 있다.

(1) 상호성. 이 동사는 두 당사자가 관련되어 있고 한 당사자가 제거되면 아무런 행위가 일어나지 않는다. 예를 들면 δέχομαι (나는 환영한다), λυτρόομαι (나는 구속한다), χαρίζομαι (나는 용서한다), ἰάομαι (나는 치유한다), μάχομαι (나는 싸운다), ψεύδομαι (나는 거짓말을 한다), ἀσπάζομαι (나는 인사한다), ἀποκρίνομαι (나는 대답한다) 등이 있다.

(2) 재귀성. 이 동사들에서 동사의 행위는 주어로 되돌아간다. 예를 들면 τυφόομαι (나는 자만한다), ἐπενδύομαι (나는 입었다), μιμέομαι (나는 흉내낸다), ἐγκρατεύομαι (나는 금한다) 등이 있다.

(3) 자기 참여. 이 동사는 주어만이 경험할 수 있는 과정을 서술한다. 예를 들면, ἔρχομαι (나는 간다), διαλογίζομαι (나는 숙고한다), ἡγέομαι (나는 생각한다), ὀργίζομαι (나는 화가 난다), βούλομαι (나는 바란다) 등이 있다.

예수님께서 주신
기 도 문

2025년 1월 14일 초판 발행

지은이	김재수 김준성 변성규
펴낸곳	새누리출판사
주소	경북 칠곡군 왜관읍 삼청3길 6-21, 2층
전화	070-8883-8346, 010-2662-8346
메일	t01026628346@gmail.com
저작권자	©2025 김재수 김준성 변성규

ISBN 979-11-987902-2-4   03230

정가 7,000원

저자와 협의에 의하여 인지 첨부를 생략합니다.
이 책의 판권은 저자들에게 있으며 저자의 허락없이 무단전재 및 복제를 금합니다.
파본 및 잘못된 책은 교환하여 드립니다.